北京水文化少儿科普系列丛书

古桥古事

王 鹏　王崇臣　李晓玉　主编

中国城市出版社

目录

- 卢沟桥 …… 4
- 永通桥 …… 8
- 朝宗桥 …… 12
- 琉璃河石桥 …… 16
- 颐和园十七孔桥 …… 20
- 通运桥 …… 23
- 万宁桥 …… 27

卢沟桥

　　卢沟桥位于北京市丰台区，是北京现存最古老的石造联拱桥，是华北地区最长的石拱桥，也是中国四大古桥之一。

　　卢沟桥的历史最早可追溯到西周时期。古燕国建立古蓟城之后，蓟城西南永定河渡口，成了南北往来的重要通道。燕民们为了方便出行，在渡口处搭建了简单的木梁桥和浮桥。金代以后，渡口交通量越来越大，简单的木桥渐渐满足不了日益增长的交通需求，于是金世宗决定将木桥改为石桥，这就是卢沟桥的由来。

古蓟城：
你们知道古蓟城是在北京现在的哪里吗？

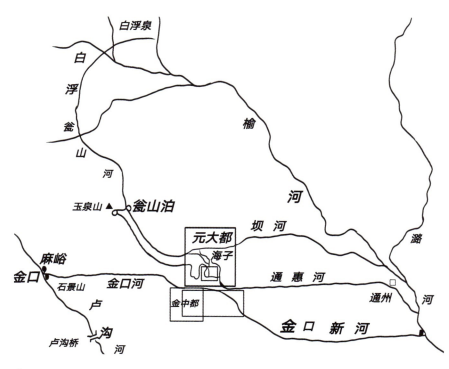

卢沟桥与北京平面示意图/孙涛
《卢沟桥》

卢沟桥的石狮/周坤朋摄

卢沟桥下流淌着北京的母亲河——永定河。明清时期永定河汛期水势凶猛，时常泛滥，卢沟桥也经常受损。明代自永乐十年到嘉靖三十四年，先后六次修缮卢沟桥，清代康熙至光绪年间，七次修缮卢沟桥。现在的卢沟桥基本保留了清代修缮的样式。古桥桥墩为青石材质，桥墩前有船型的分水尖。桥内石基厚达2米，由铁柱穿透固定七八层石板构成。桥身、桥墩、拱券等各部分都使用了铁腰，加强了石料之间的联系，促使桥身稳固牢靠。

知识小贴士

分水尖：
俗称斩凌剑，以船头尖形抵挡洪水、江潮、冰块的冲击，给予卢沟桥一定的保护。

北京有句歇后语"卢沟桥的狮子——数不清",说的就是卢沟桥大名远扬的石狮子。传说,曾有个县令派100多名官兵去卢沟桥数狮子,结果每个人数出来的数都不一样,于是县令决定亲自去数。县令来来回回数了好几遍,结果也都各不相同。一天晚上他又独自去了卢沟桥,在桥上散步时,他突然听到小孩子的嬉闹声。县令回头一看,桥上的石狮子竟然活了。它们从桥栏上跳下来,嬉笑打闹。县令赶紧跑过去,这可吓坏了狮子们,一只只赶紧跳回原位,一动也不动了。

那到底卢沟桥上有多少只石狮子呢?1961年,文物工作者采用编号的办法,共清点出石狮485只;1992年,文物工作人员又一次核查,为498只石狮;据卢沟桥文物保护部门提供的最新数据,桥上石狮共501只。这各不相同的统计结果,也正是"数不清"这个说法的来历。

卢沟桥桥墩/周坤朋摄

· 扩展小阅读 ·

　　1937年7月7日一声炮响,日本帝国主义发动了侵华战争,这就是震惊中外的"七七事变",又称卢沟桥事变。

　　起初,日本侵略军在卢沟桥附近进行军事演习挑衅。1937年7月7日日军借口一名士兵失踪,要求搜查宛平城,被中国军队严词拒绝后,日军开枪射击中国守军。中国守军浴血奋战、不惧敌人炮火,血流成河,依旧前赴后继地战斗!如今,宛平城城墙上还留有弹痕,宛平城内有抗战雕塑园,这里成为爱国教育基地,宛平城的上方似乎还回荡着"不让日本帝国主义占领中国寸土!""为保卫国土流最后一滴血!"的响亮口号。

文/李晓玉

卢沟桥浴血奋战图/樊宇晨

永通桥

　　永通桥坐落在古老的通惠河上，因距离通州城八里而又得名八里桥，是北京四大古桥之一，其历史最早可追溯到元代。

　　元代时永通桥是座木桥，它是什么时候改为石桥的呢？通惠河河道坡度较大，湍急的河水经常把木桥冲毁，影响交通。明英宗时期，为了保证永通桥正常通行，明英宗命人将其改建成石桥。

知识小贴士

明英宗： 朱祁镇，明朝第六位皇帝。

八里桥图/樊宇晨

正统十一年十二月石桥竣工，英宗赐名"永通桥"。新建的永通桥美观实用，桥上形态各异的石狮子给石桥增加了一份生机。永通桥桥面以花岗石铺就，坚硬牢固。桥面下有三个桥拱，桥拱的设计十分讲究，中间的桥拱高阔，两侧的桥拱矮小对称。巧妙的设计让永通桥又获得了一个美誉："八里桥不落桅"，即来往的漕船不必落桅就可以通过。

　　永通桥作为通惠河上唯一一座大型石拱桥，其重要性不言而喻。漕运繁忙之际，桥上车轮滚滚，桥下舳舻千里。驻桥东望，可以看见巍峨的通州古城和高耸的燃灯古塔。夜晚洁白如玉的长桥，倒映在水波粼粼的通惠河上，恬静而美好。

八里桥图/樊宇晨

永通桥记录了许多历史故事，最为著名的是第二次鸦片战争期间的"八里桥之战"。1860年，挑起第二次鸦片战争的英法联军向北京逼近。永通桥作为京东重要的交通要道，成为狙击英法联军的战略要地。虽然清军士气旺盛，前赴后继地扑向敌军，但终因武器悬殊，败于敌军，八里桥由此失守，三万将士全部殉国。永通桥也在炮弹的轰炸下，石栏板被炸得粉碎。

历史的硝烟早已经远去，如今的八里桥被列为北京四大名桥之一，成为人们观摩瞻仰的重要历史遗迹。

知识小贴士

第二次鸦片战争： 1856年10月至1860年10月英、法两国在美、俄两国支持下联合发动的侵华战争。

八里桥图/网络

· 扩展小阅读 ·

长桥映月

湖溯昆明引玉泉,虹桥八里卧晴川。
石栏拥似天衢入,画舫摇从月窟穿。
万斛舟停芦荡雪,百商车碾桂轮烟。
渔灯蟹火鸣征铎,惊起蛟龙夜不眠。

　　这是明代诗人李焕文在诗中描绘的永通桥美景,也是昔日通州八景之一"长桥映月"。这里的长桥指的便是八里桥,映月则指中秋之夜,三孔桥洞中各映着一轮明月,皎洁的天空中月如银盘,清清的河水中月影浮动,水月交辉,衬托着洁白如玉的长桥。

文/李晓玉

长桥映月图/樊宇晨

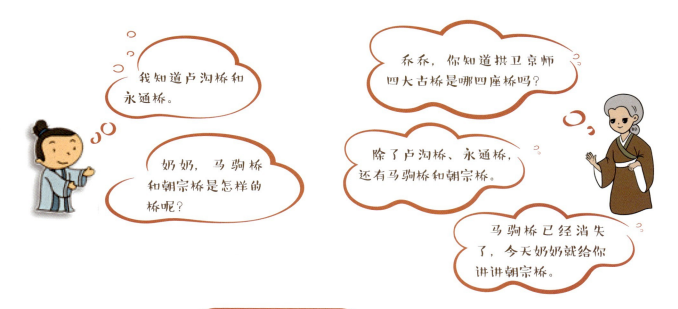

朝宗桥

朝宗桥又名北沙河桥,位于昌平县(今昌平区)城南10公里处,横跨北沙河水(温榆河),与横跨南沙河水上的"安济桥"遥遥相对。朝宗桥始建于明正统十二年(1447年),为七孔石桥,全长130米,宽13.3米,中间高7.5米,桥两旁有53对石栏柱。

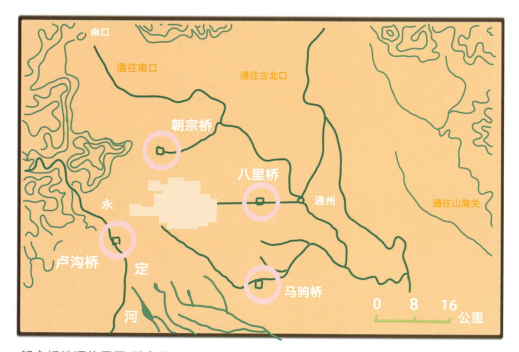

朝宗桥地理位置图/樊宇晨

在明朝永乐以前，南、北沙河上都没有桥，人们往来都需木船摆渡。永乐年间，皇帝要在天寿山建造皇家陵寝，为了运输方便，工匠便在南北沙河架起了木桥。但因夏季雨水繁多，山洪下泄，常常冲毁木桥。而且架桥需要很多木料，可昌平县（今昌平区）小、民贫，无力购买大量木料。为了节省钱财，当地官员便想了一个笨办法：秋季架桥，春末拆桥，夏季仍然依靠木船摆渡。如此一来增加了很多劳力，百姓怨声载道。正统十二年（1447年），新任昌平知县上奏朝廷，希望朝廷可以拨款，在南、北沙河上各修筑一座石桥，这一请求得到了朝廷的准许和支持。朝廷任命工部右侍郎王永寿为督工，监督造桥。桥建好后，皇帝赐名南沙河的桥为安济桥，北沙河的桥为朝宗桥。这就是"安济""朝宗"两桥建造的由来。

桥梁拆架频繁/樊宇晨

朝宗桥图/樊宇晨

朝宗桥在明朝具有重要的政治、军事和经济地位。朝宗桥是明朝帝、后、太子、大臣去天寿山十三陵谒陵和北巡的必经之路，也是蒙、满、维吾尔、回、藏等少数民族官员，进京朝拜的要道。除此之外，南沙河、北沙河是温榆河的上游，明中叶后期，水运一般是经通州后，再通过沙河直达巩华城下，朝宗桥就成了北沙河上船只往来之地。时至今日朝宗桥依然横跨在北沙河上，承担着交通的重任，拱卫着京师。

知识小贴士

谒陵：
到陵墓前拜谒；瞻仰陵墓。

扩展小阅读

朝宗桥石碑的故事

关于朝宗桥的修建,民间还有个有趣的传说。当初朝廷派遣赵朝宗修建北沙河大桥,派遣另一名工匠修建南沙河大桥。赵朝宗一心建桥,忠心耿耿,忙于工程,清正廉洁,连皇帝派来的太监也不热情招待。另一人却中饱私囊,偷工减料。桥墩外面用石头垒砌,里面用沙子填充,所以南沙河大桥很快就完了,奸臣就急忙进京城向皇帝报功。

赵朝宗建桥图/樊宇晨

巡视太监向皇帝进谗言,说赵朝宗"工期迟缓,耗资无当。"皇帝查验南、北大桥账簿时发现,北大桥所用花费确实比南大桥高,皇帝听信谗言,便将赵朝宗处斩。可巧的是,那年连降暴雨,引起山洪暴发,南桥一下就被冲垮了,北桥却岿然不动。皇帝得知后,方知受骗,遂将奸臣和太监斩首。为弥补过失,皇帝于次年命人在石桥北东侧立一汉白玉螭首方石碑,碑额正方刻有篆书"大明"二字,碑身阴阳两面都线刻双钩"朝宗桥"三个大字,以作纪念。

文/陈旦妮

奶奶,我在书上看到琉璃河石桥的介绍了。

书上说琉璃河石桥是房山区境内规模最大的一座石桥!

乔乔真厉害,跟奶奶说说你都看到了什么!

琉璃河石桥

在北京西南,静静矗立着一座四百余年的古桥。它是房山区内规模最大的一座石桥,名为琉璃河大桥。石桥全长165.5米,宽10.3米,高8米,桥下有11个拱洞,是北京地区保存较为完整的古桥之一,它拱券顶部雕有精美的镇水兽头,桥身是由大块的石头堆砌而成。

琉璃河石桥图/樊宇晨

琉璃河石桥是架在琉璃河之上的一座桥。但"琉璃"一名可跟流光溢彩的琉璃瓦没有关系，叫这个名字完全是谐音缘故。琉璃河又名大石河、圣水，是北京五大水系之一——拒马河的一条支流。因为刘姓和李姓是居住在这条河附近的大姓人家，久而久之，人们就将这段大石河叫成了刘李河。随着时间的推移，逐渐演化成了琉璃河。

知识小贴士

琉璃河： 位于北京市房山区琉璃河镇。

琉璃瓦： 中国建筑传统物件。

琉璃河石桥正面图/周坤朋摄

　　琉璃河桥初建时为木质，因为琉璃河汛期水势凶猛，木桥经常被冲毁。明嘉靖十八年，嘉靖皇帝路过琉璃河，见百姓们没有桥过河，于是下令修建石桥。嘉靖二十五年，历时七年修建的琉璃河石桥竣工。人们在桥的两边还修建了两座牌坊以示纪念。南牌坊名为"利民济世"，北牌坊名为"天命仙传"，后改名为"永明""仙积"。

　　现在琉璃河石桥已经成为全国重点文物保护单位，新建的琉璃河湿地公园将石桥圈入其中，使石桥得到更好的保护。

· 扩展小阅读 ·

琉璃河石桥不光历史悠久,关于他的文化故事也十分丰富,有不少文人在此地留下了众多诗篇,如南宋文天祥、明代袁中道、顿锐等。

雪后过琉璃桥
文天祥　南宋

小桥度雪度琉璃,更有清霜滑马踪。
游子衣裳如铁冷,残星荒店野鸡啼。

文天祥画像/樊宇晨

琉璃桥
袁中道　明

一

飞沙千里障燕关,身自奔驰意自闲。
日暮邮亭还散步,琉璃桥上看青山。

二

余霞犹自宿林丘,烟芷岚翘天际头。
十里长街莹似雪,一泓清水带冰流。

三

寒泉日夜洗尘埃,无数青莲水外开。
滚滚游人桥上过,几曾着眼看山来。

四

斜阳岚彩照清流,五色妖霞水上浮。
独倚危栏成一笑,北河犹自有南舟。

文/董艳丽

奶奶，古代通州是漕运重镇，有没有与漕运相关的古桥呢？

当然有了，如今张家湾的通运桥便是这样一座桥呢！

通运桥

在通州北运河水系上曾有不少石桥木桥，其中坐落在张家湾城南门外通运桥，因其横跨萧太后河，所以又俗称萧太后桥。这座桥建于辽代，初建时是一座小木桥，由于它是张家湾南门和北京朝阳门之间的必经之地，来往行人车辆很多，明代时被改建为三孔石桥，万历皇帝赐名为"通运"。

北运河水系：流经北京北部和东部地区，是隋朝开凿的南北大运河最北段。

通运桥及古城墙图/樊宇晨

通运桥为南北走向,桥面由交错的条石铺成,桥两侧是青石板的护栏,每边各有望柱18根,柱头上的狮子神态各异。这些狮子雌雄相间,脚下踩着绣球的是雄狮,不蹬绣球的狮子是雌狮。

张家湾是一座漕运古镇,在建设紫禁城时,从南方运来的石材、木料等大多是通过张家湾运至皇城,其中通运桥是重要的运输要道。今天走在当年车水马龙的桥面上,看着深深的车辙痕迹,我们可以联想到曾经数不清的马车载着货物来来往往。

通运桥石狮图/樊宇晨

通运桥俯视图/樊宇晨

· 扩展小阅读 ·

1968年的秋天,张家湾的村民李景柱等人在曹家坟,发现了一具骨架完整的男子尸体,以及一块刻着曹雪芹字样的墓碑。这一发现在当时引起了巨大的轰动,许多红学家认为这证明曹雪芹死后就葬在张家湾。

《红楼梦》中描写的十里街、花枝巷的原型就出自张家湾,同时张家湾花枝巷中部曾有曹雪芹家的当铺,在西侧北部有小花枝巷,曹雪芹家染坊曾设在巷口西侧,有一口曹家井尚存。而在张家湾镇十里街东侧,曾有曹雪芹家开的盐店,如今仍有几间旧房遗存。在十字街西南有一座庙,因为形状像葫芦所以俗称"葫芦庙",《红楼梦》第一回所写的葫芦庙就来自于此。

曹雪芹/樊宇晨

文/王宇洁

不知道,奶奶快告诉我。

乔乔知不知道中国皇家园林里最大的桥是哪个啊?

那便是颐和园的十七孔桥了……

颐和园十七孔桥

冬至前后,颐和园的十七孔桥就成了一道亮丽的风景:傍晚时分,落日余晖的照耀下,阳光从每一个桥洞里穿射出来,形成了一个个金黄色的桥洞,水面上也形成了一道道美丽的倒影,这就是人们常说的"金光穿洞"。每当这一美景呈现时,许多的游客、摄影爱好者纷纷拍照记录这一美景。

颐和园金光穿洞图/樊宇晨

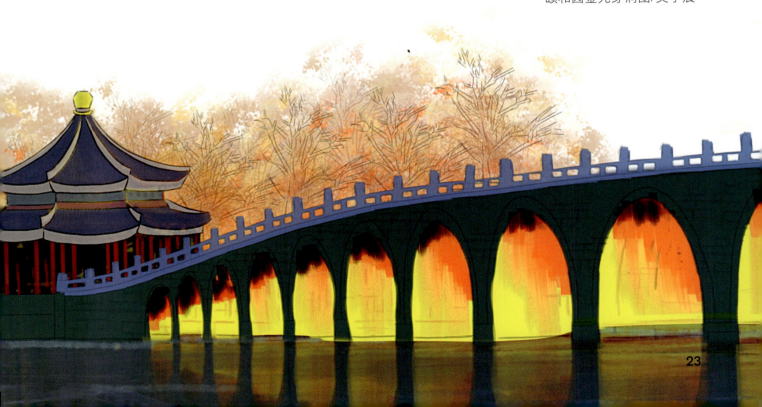

颐和园十七孔桥就是中国皇家园林中最大的桥。十七孔桥修建在乾隆年间，仿照北京卢沟桥建造而成。这座桥全长150米，宽8米，有17个桥洞。此桥横跨于昆明湖之上，连接着南湖岛与东堤廊如亭，宛如一道彩虹。站在桥上，昆明湖的美景尽收眼底，就连清朝的乾隆皇帝都忍不住为桥题字："修蝀凌波，灵鼍偃月"。

知识小贴士

修蝀（dōng）凌波，灵鼍（tuó）偃月：将十七孔桥比喻成彩虹又比喻成神兽。

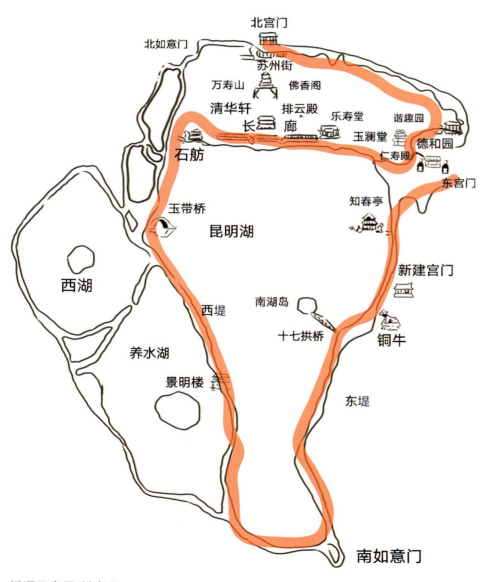

桥洞示意图/樊宇晨

知识小贴士

九：
九在古代有圆满之意，九五之尊代指皇帝。也有圆满的意思，在道教之中多用九。

桥上狮子图/樊宇晨

十七孔桥的"十七"并不偶然，大有讲究。无论人们从左往右数，还是从右往左数，桥中间最大的桥洞都是第九个。九在古代是最大的单数，说明了这座桥至高无上的地位。

值得一提的还有桥上精雕细琢的石狮子。北京人都流传着"卢沟桥上的狮子数不清"。细究起来，十七孔桥上有544只狮子，比卢沟桥的狮子还多呢！这些小狮子惟妙惟肖，美妙绝伦，守护在桥周围，与石桥一起度过风风雨雨的漫长岁月。

关于十七孔桥流传着一个动人的传说。传说在修建之初，总有一个老爷爷来卖汉白玉的石头，可他邋里邋遢不像正常人。有位王大爷看他可怜收留了他，而这老爷爷整天闷头磨一块石头。在王大爷家待了一年后，老爷爷走了，临走之前把这石头留给了王大爷。十七孔桥快要完工时，工匠发现桥中间总有一块石头凿不合适。后来工匠听说王大爷家有一块磨好的石料，就向王大爷家用一百两银子换来了这块龙门石。谁知这石头严丝合缝地与石桥融合好。人们惊呼，原来这个其貌不扬的老头居然是鲁班下凡来帮助人们修桥呢！

十七孔桥位置图/樊宇晨

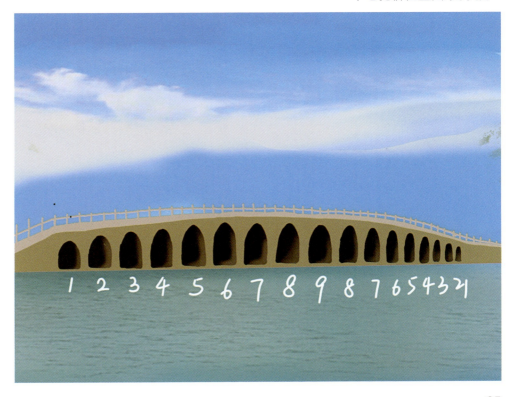

· 扩展小阅读 ·

"金光穿洞"的景象并不是匠人们有意为之,可它到底是怎么回事呢?

在冬季的时候,我们会注意到景物的影子拉得比夏季长。这是因为太阳直射的位置会随着地球的公转而变化,在冬至之时,这个太阳直射的位置是南回归线,使得北半球太阳高度角最小,在北半球物体影子最长。这一天十七孔桥,就形成了一个特别的照射角度,使得满满的夕阳会照射进入十七个孔洞了。这只能算是一个天文地理学上的巧合,正是这种巧合,才造就了十七孔桥的奇观。

文/董艳丽

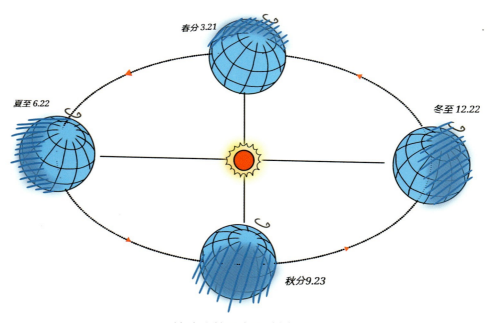

地球公转示意图/樊宇晨

万宁桥

　　有这样一座桥，它地处地安门北侧，南接钟鼓楼，西邻积水潭，是中轴线最早的坐标。为什么说它是最早的坐标呢？原来最初元代都城在内蒙古一带，后来元世祖打算迁都燕京（今北京），于是命大臣刘秉忠规划新的都城。刘秉忠在设计时，把什刹海、北海一带的天然湖泊规划进大都城，用自然景色和绚丽风光来营造这个美丽的城市。为了使中轴线不淹没在湖水中，他在圆弧状湖泊的东岸，划出了一条南北方向直线作为中轴线，并与湖泊相切，切点便是后来万宁桥。

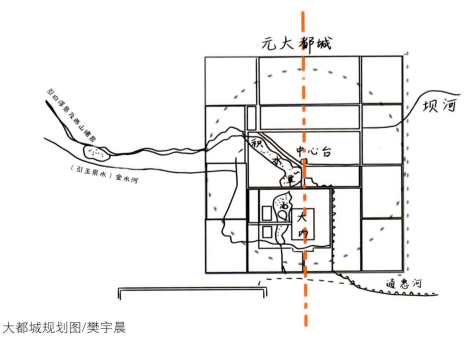

大都城规划图/樊宇晨

修建之初，万宁桥只是一个小木桥，后来因为过往人车众多，便改建成单孔的汉白玉石拱桥。万宁桥造型优美，得益于它独特的地理位置和功能，目前已经是世界文化遗产了。元朝时期，郭守敬为解决大都城的漕运而开凿了通惠河。万宁桥正好处于通惠河和积水潭的连接处，因此所有的漕船都要经过万宁桥，才能进入积水潭，因此万宁桥周边慢慢地形成了热闹的集市，充满了十足的烟火气。

如今的万宁桥已经700余年岁月，却依旧健壮，支撑着现代化的交通。数十辆装满货物的大卡车排列在桥上，桥梁的结构却没有任何变形。这座700余岁高龄的石拱桥今天依然承载着来来往往、川流不息的人群。它就好像一位安详的历史老人，期待并见证着北京的生生不息、继往开来。

知识小贴士

汉白玉石： 一种纯白色的大理石，质地坚硬，是上等建筑和雕刻材料。

万宁桥图/樊宇晨

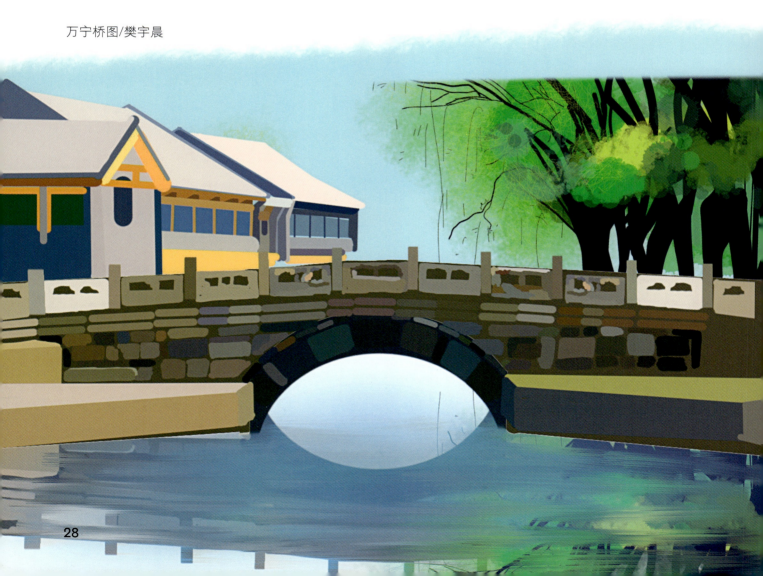

·扩展小阅读·

留心过这座桥的小朋友会发现，桥边有四个形态各异的镇水兽。经专家考证，这四座雕像一个来自元代，另外三个来自明代。传说龙生九子各不同，其中生性好水的叫蚣（gōng）蝮（fù），常被人放在河边镇水，万宁桥的镇水兽就是蚣蝮。

那么除此之外，这九个儿子其他分别是怎样的呢？

囚牛：一只有麟角的黄色小龙，性情温柔，非常喜欢音乐。它经常蹲在琴头上，陶醉于美妙的琴声中。于是，名贵的"龙头胡琴"出现了。

睚（yá）眦（zì）：它长着龙的脑袋，身体却好像豺狼。性格好斗并且喜欢杀戮，所以被刻在钢刀上，人们相信有了它的保佑便能战无不胜。后来也用"睚眦必报"这个成语形容人心胸狭窄。

嘲风：长得好像一只野兽，喜欢登高爬险。它被安排在像寺庙、殿堂这样的宏伟建筑的飞檐上，象征着吉祥威严和驱除妖魔、清除灾祸的力量。

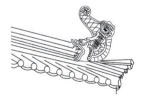

蒲（pú）牢（láo）：它长得最像父亲，身体盘绕，是个"大嗓门"，一叫起来声如洪钟。我们将其当"声乐"的图腾，将它的外形雕成钮环铸在乐器铜钟上。

狻（suān）猊（ní）：长得像狮子，可是却极为安静，被佛祖收下，成了修成正果的坐骑。所以佛座和香炉的脚部都装饰着它的尊容。

螭（chī）吻（wěn）：一种鱼形的龙，大嘴巴，喜欢吞东西，水性好且镇邪避火。民间将其作为"吞脊兽"，安在屋脊两头以消灾灭火。

蚣（gōng）蝮（fù）：喜欢水，一口吸光三江四海水，水少了又可以帮助撑船。于是便上了桥梁的石柱。

狴（bì）犴（àn）：形似猛虎，有威力，爱替别人打官司。监狱和公堂处处有它虎视眈眈的眼睛。

负（fù）屃（xì）：它长得也像父亲，迷恋诗词歌赋、文章书法，往往盘绕在木刻、石碑两侧，成为装点锦绣文章的图腾。

文/王宇洁　图/樊宇晨

银锭桥

银锭桥是一座汉白玉单孔石拱桥，位于西城区什刹海前海和后海交汇处，始建于明代，距今已有五百多年的历史。现今的桥是在1984年将原桥拆除新建的，桥身的正面镌刻着"银锭桥"三个楷体大字，由原故宫博物院院长单士元先生题写。

银锭桥名字的由来有很多说法。一种是说银锭桥外观像一只倒扣过来的银锭；另一种说是银锭桥的桥基是由一排排木桩用银锭锁固定相连的，故而称为银锭桥。

银锭桥位置图/樊宇晨

知识小贴士

银锭锁：
又称腰铁，石料、木料间的连接构件，以此增强石料、木料间的摩擦力，用来加固建筑物。

关于银锭桥有一句俗语叫作"银锭观山水倒流",说的是站在银锭桥上能够欣赏西山美景。因为银锭桥位于后海和前海的细颈处,位置高耸,而后海的水面宽阔颀长,构成了一个扇面形的视角,所以站在银锭桥上,可引颈西望,领略西山景色。

那么"水倒流"是怎么回事呢?北京地势是西北高、东南低,所以什刹海的水原本是自西向东流,沿西海——后海——前海——太液池(皇宫内)方向流淌。但明朝中期,什刹海上游水量减少,太液池供水不足,于是朝廷下令在德胜桥东南岸开凿一条月牙形的岔河(月牙河),将西海的水直接引入前海,确保太液池水量充足。可如此一来,前海水位高于后海,水流就从前海进入后海,如此就出现了银锭桥下水由东向西流动的奇怪现象。

当然啦,银锭桥最出名的还是"银锭三绝":银锭观山、夏日赏荷、品尝烤肉。身在银锭,远望可观西山,近岸可赏夏荷,饿了还可以去品尝一下百年老字号"烤肉季"的烤肉,十分符合当代人的游玩志趣。

银锭观山图/樊宇晨

什刹海荷花图/樊宇晨

· **扩展小阅读** ·

最初的银锭桥并不出名，令其声名鹊起的是一件惊天动地的刺杀事件——汪精卫刺杀摄政王载沣（老醇亲王奕譞第五子、光绪皇帝的胞弟）。

1910年，汪精卫与他人策划，刺杀当时摄政王载沣。他们将两尺多高灌满炸药的大铁罐埋在了小石桥下，只等第二天早晨把载沣炸上天。然而就在埋设炸弹的最后时刻，他们的行动被告发，导致刺杀失败，汪精卫因此被捕。

刺杀事件闹得满城风雨、人尽皆知，那座被埋炸药的石桥也出了名。坊间盛传汪精卫埋炸药的小石桥是银锭桥。银锭桥就在醇亲王府附近，载沣的车马往东一走就到了银锭桥，银锭桥因此而名声大噪。其实汪精卫埋炸弹的小石桥并不是银锭桥，而是皇城后小甘桥，不过小甘桥早已消失，无从查证。

文/陈旦妮

银锭观山图/樊宇晨

德胜桥

明代以前,西海、后海和前海是一大片湖泊,别称白莲潭。朱棣(dì)皇帝迁都北京后,这片湖泊上游水源匮乏,湖泊逐渐萎缩成三片狭长的水泊。水泊之间有三座桥相连接,前海和后海间是银锭桥,后海和西海之间是德胜桥。

知识小贴士

白莲潭:
元世祖忽必烈在北京建都前,前海、后海、西海和南海、中海、北海是一大片风光优美的水泊,别称"白莲潭"。

德胜桥的位置图/樊宇晨

月下图/樊宇晨

农历：
是中国传统的历法。如常说的大年初一。

德胜桥是一座单孔石桥，靠近德胜门，故而得名德胜桥。清代著名的"镇海三宝"中的镇海神牛就在桥下，这座迎水神兽高60厘米，头如麦斗，二目圆睁，角似铁塔，牙像排刀，栩（xǔ）栩如生，好像它要把这里的水吸完一样。

明代，德胜桥附近的环境非常优美，很多达官显贵在这里修建庭院。德胜桥边上还设有码头，桥底离水面很近，过桥时船在桥下走，人要上岸，绕过桥之后再登船离开。以前的德胜桥上还盖有亭子，传说每到农历十五，月亮刚好落在桥上的亭子上，人从桥上走过时，就好像人在月亮里。现在修缮（shàn）后的德胜桥，桥墩位置也有一个让人们休息、观景的平台，桥的栏杆上也雕刻了月亮、云彩和旌旗等一些图案。

德胜桥图/樊宇晨

· 扩展小阅读 ·

老北京有镇海三宝："镇海神牛""镇海神螭（chī）""镇海铁龟"。"镇海神牛"在德胜桥的西桥洞上，在颐和园昆明湖边，也有个镇水神牛。传说乾隆皇帝把自己比作玉皇大帝，把昆明湖比作天河，在昆明湖东堤岸边设置了镇水神牛，象征着"牛郎"；后来，慈禧太后把自己比作王母娘娘，她又在颐和园修建了织女亭，这座铜牛的头朝向西北，正好对着织女亭所在的方向，暗指了牛郎织女的美丽传说。"镇海神螭"在汇通祠南岸，位于汇通祠处水关下方，是为镇水神兽。"镇海铁龟"则在崇文门的镇海寺内，这座神龟个头很大，身形直径有1米多，据说，护城河下有一个海眼，为了防止水灾、保护百姓的安全，安置了这座镇海神龟。

文/宋霞飞

镇海神兽图/樊宇晨

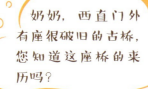

> 奶奶，西直门外有座很破旧的古桥，您知道这座桥的来历吗？

> 你说的是高粱桥吧，那可是一座历史悠久的古桥哩！

> 哇，那我可要好好听奶奶讲讲！

高粱桥

　　高粱桥是一座单孔石桥，建成于元代，至今已历经700多年的风雨了。古桥位于现在北京市海淀区和西城区交界处，横跨西直门外的高粱河上。

　　高粱桥是一座闸桥合一的建筑物，最初是为满足元大都漕运用水而建。元代郭守敬通过高粱河引白浮泉及西山玉泉诸水，汇流至此，转入护城河和积水潭。早年间河两岸都是农田，桥一侧建有高粱闸，放下宽大的木板后就可以截留一部分水用来灌溉，造福当地的百姓。

高粱闸/周坤朋摄

古高粱桥/周坤朋摄

明清时期,高梁桥是一个很有名的景点。高梁桥畔有码头、船坞,皇宫贵族前往京城西郊寺庙进香时,均在高梁桥的船坞换乘龙舟,经由水路往返。清末慈禧太后去颐和园游玩时,也在高梁桥西侧的倚虹堂上船。据《帝京景物略》中记载,桥周边种植有许多柳树,两岸绿树成荫,一直绵延十多里。周边寺院、酒家林立,偶尔这里还有精彩的歌舞戏剧让市民大饱眼福。每逢初春时节,就有很多人骑马或者步行在这里踏青,游客更是数以千计,可见当时高梁桥多么繁华!

中华人民共和国成立后高梁桥被政府定为海淀区文物保护单位,高梁河上又修建了一座新的高梁桥,绿树碧水映白桥,两岸杨柳依依,虽不及当年的盛景,但增添了一番诗情画意的美。

知识小贴士

慈禧水道: 慈禧水道是清代慈禧太后每年夏天去颐和园避暑的必经之水路。

清末倚虹堂和高梁桥图/樊宇晨

· 扩展小阅读 ·

　　高梁桥下的高梁河又名"慈禧水道",是一条北京有名的水路观光线,沿途经过众多景点。

　　"慈禧水道"由北京展览馆起,西行几分钟后就到达了北京动物园,之后到达紫竹院公园。由于紫竹院河道狭窄,需要到紫御湾码头换船后继续驶向颐和园。上船后,途中会路经广源闸,它是由元代著名水利专家郭守敬主持修建的,横跨长河。还会路过万寿寺码头,万寿寺是万历皇帝的母亲修的寺庙,为万历皇帝祈福保佑,是明清两代皇室烧香礼佛的场所。船继续前行会经过麦钟桥、长河湾码头、火器营桥,最后抵达慈禧水道的终点颐和园南如意码头。

文/陈新新

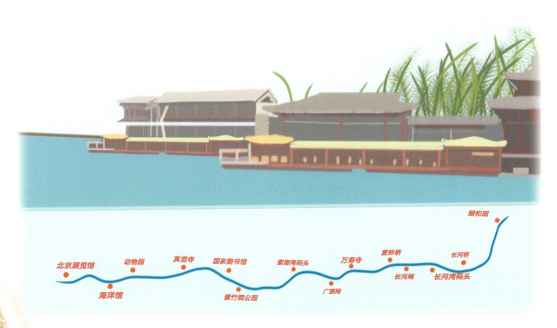

慈禧水道全览图/樊宇晨

奶奶,我昨天去国家图书馆看书的时候,路过一条路叫"中关村南大街",您知道这条路由来吗?

你这个问题算问对人了,中关村南大街以前叫作白石桥路。白石桥也有很悠久的历史呢!

白石桥

很多人都知道中关村南大街曾经叫白石桥路,因白石桥得名,但真正的白石桥在哪却鲜为人知。据考证白石桥始建于金代,位于五塔寺前的高梁河上,这是关于古代白石桥最早的记录。

被拆前的白石桥图/樊宇晨

元代时水利学家郭守敬疏浚高梁河时，为了控制水量，在金代白石桥稍西的位置修建了一座白石闸，为方便百姓行走，水闸旁建造一座石桥，这座桥被称为小白石桥。今天的白石桥地名就是由这个小白石桥而来。20世纪90年代时因道路改造，小白石桥被拆除。

那么为什么金代建造了一座白石桥，元代又要在不远处再建一座白石桥呢？原来元代最著名的皇家寺院——护国仁王寺，就位于白石闸北侧，附近人群络绎不绝，为了方便过往百姓，故在寺门外重新修建了白石闸桥。

如今白石桥一带已经成为北京市繁华的市中心，动物园、北京天文馆、紫竹院公园等一大批现代商业和文化场所让这里人流如织，既有商业的繁华，又有园林的幽静，还有图书馆的文化气息。

知识小贴士

护国仁王寺：
初建于元至元七年，此寺为元代大都城中一大寺，故又名大都寺，该寺现已不存在。

· 扩展小阅读 ·

传说刘伯温营建北京城时得罪了龙王，龙王要把京城内的水全带走，刘伯温得知后让大将高亮骑马追赶龙王，高亮抢回北京的水后不幸被大水淹死。高亮的母亲白氏得知她儿子的死讯后十分悲痛，日夜在西直门外高亮被淹死的地方痛哭。刘伯温认为高亮的死与自己有不可推脱的责任，便请秦皇帝封白氏为娘娘，建立一座宫殿让白氏住进去。可是白氏怎么也不肯住进宫殿，只要求能在西直门外盖一间草房住着。刘伯温便在西直门外盖了一间草房，供白氏居住。

白氏住在草房里，日夜思念儿子，每天以泪洗面，没过多久白氏本来乌黑的头发就全白了。一天晚上，白氏做梦梦到自己的儿子高亮，站在水里与一条恶龙搏斗。恶龙一抬头，水就上涨三尺多。眼看水要漫入西直门，高亮赶忙举起长枪向恶龙刺去，恶龙一甩尾将高亮卷到水里。白氏焦急地喊道："亮儿！亮儿！"毫不犹豫地扑向水中。这时白氏惊醒，发现是一场梦。

白氏走出草屋，发现外面正下着大雨，水中有一个巨大的龙头，像极了梦里的那只恶龙。白氏回屋拿起菜刀就向恶龙砍去，只听轰隆一声，地上的水慢慢退去，龙头也不见踪影，白氏的身影也不见了。天亮后白氏居住的草屋前多出了一座白石桥，人们都说桥是白氏的化身，为的是将恶龙镇压在桥下，不让其再出来兴风作浪、祸害北京城。

白氏斗龙图/樊宇晨

文/范宇澄

> 奶奶，我刚刚看到一个特别奇怪的地名叫"北新桥"，那里明明没有桥呀，为什么要叫"北新桥"呢？

> 北新桥呀，是一个著名的民间故事，听我说完，你就知道为什么这里没有桥，却叫"新桥"了。

北新桥

北新桥位于北京东直门内大街与雍和宫大街的交汇处，地铁五号线有一站以北新桥命名。实际上这个地方并没有桥，那为什么有北新桥这个名称呢？在早些年的时候，北新桥的十字路口位置有一座汉白玉的"旱桥"，叫作北新桥。后来因为要拓马路，桥就被拆了。再后来，人们为了符合这个地名，又重新建了一座新桥，也就是咱们今天能看到的这座桥。咱们今天就讲讲流传于民间的一个关于北新桥的故事。

知识小贴士

汉白玉： 一种纯白色的大理石，质地坚硬，是上等的建筑和雕刻材料。

千年古都： 北京是一座有着三千多年历史的古都。

北新桥图/樊宇晨

据传闻,北新桥名字与"高亮赶水"的故事有关。传说朱元璋当了皇帝后,夜里梦到北京城里的两个龙王,因愤恨连年的争战,龙王决定带走整个北京城里的水。朱元璋醒后,将此事告诉了刘伯温,于是刘伯温决定整治这两条恶龙。他事先安排好了姚广孝在北京城内等候,通过埋伏将两个龙王抓住,将他们锁在了一口井中,这口井就是今天所说的北京锁龙井。被压在井里后,老龙王心有不甘,总想逃脱。为了安抚他们,姚广孝就许诺只要井上面的桥旧了,就放他们出来,但实际井上面根本就没有桥,而桥的名字就是北新桥,一座永远不会陈旧的桥。

北新桥真实的来历早已不可考究,而生活在北京的人们更愿意相信北新桥曾有着一段与"龙"有关的历史,为北京这样一座"千年古城"添上一抹神话色彩。

姚广孝擒龙图/樊宇晨

· 扩展小阅读 ·

　　北新桥的锁龙井在老北京的民俗传说中一直充满传奇色彩，传说古井就在北新桥下，里边有一根粗壮的铁链子，专门用来捆绑龙王。据说日本侵华时，一群日本兵到北新桥周边巡查，发现桥边有一口井，怀疑里边藏着中国士兵。于是就把井里的铁链子向外拉。可是日本兵一拉就是七天，铁链子堆的有十多米高，还没看到尽头。这时候，古井里不断传出一阵阵海啸的声音，十分恐怖。日本兵全都十分害怕，只好又把铁链子乖乖地放回了古井里。

文/范宇澄

日本兵拉铁链图/樊宇晨

奶奶,天安门前金水桥有什么故事吗?您给我讲讲吧!

奶奶今天就给你讲一讲"金水桥"的故事!

金水桥

在北京所有古桥中,等级规制最高的莫过于故宫里的金水桥。金水桥包括内金水桥和外金水桥,其中内金水桥位于故宫太和门前的内金水河上,由五座桥组成,外金水桥位于天安门前的外金水河上,由七座桥组成。这内外共十二座桥,组成了鼎鼎有名的内外金水桥。

知识小贴士

五行学说:
西方代表金,因此从西边流入城的河流就叫金水河,河上的桥也就得名金水桥了。

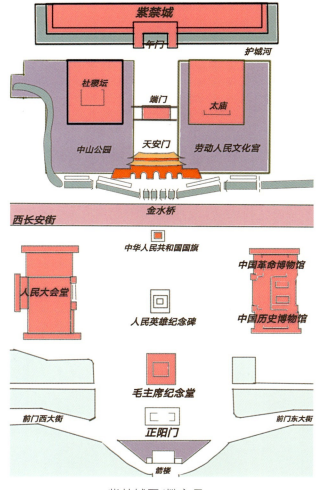

紫禁城图/樊宇晨

为什么说金水桥是等级规制最高的古桥呢？这是因为在中国古代，数字代表着等级，如一、三、五、七、九等五个奇数中，数字越大代表等级越高。中国古桥一般是单栋桥，而内外金水桥桥数分别达到了"五"和"七"，代表了桥的皇家级别。另外，外金水七座桥的中间五座桥正对着天安门城楼的五个门洞，五座桥之外较远的地方还有两座桥，分别对着太庙和社稷坛，也就是现在的劳动人民文化宫和中山公园。

外金水桥正中间的桥称为"御路桥"，栏杆雕刻着蟠（pán）龙，装饰等级最高，专供天子行走；御路桥东西两边的桥称"王公桥"，是专供王公贵族行走；王公桥东西两边的桥称"品级桥"，只有官级在三品以上的大臣才可以走；老百姓和仆役要进皇城的话，只能从最外侧的两座桥走，这两座桥因此称为"众生桥"。这七座精美石桥都是中间窄两边宽呈现工字形，横跨外金水河上，从上空来看就像几条玉带飘扬在河面上。

> **知识小贴士**
>
> **明朝官级：**
> 官分九级正一品从一品到正九品从九品，正一品地位最高，拿的朝廷工资也最高。

工字形图/樊宇晨

内金水桥共有五座，和外金水桥类似，最中间是"御路桥"，依次排开的是"王公桥""品级桥"。桥下的内金水河也很有意思，流淌在太和门前的广场上，就像一根弯曲的弓，而这五座石桥就像五只搭在弓上的箭，蓄势待发。

　　虽然在古代金水桥有严格的等级制度，但现在不再是只有皇帝、王公大臣可以独享的了，每天都会有成千上万的游客走过，可以驻足桥上欣赏两岸的美景。

内金水桥图/樊宇晨

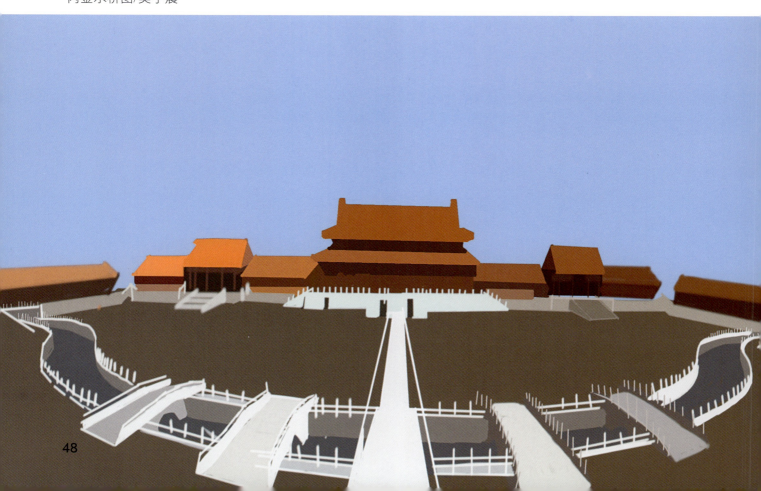

· **扩展小阅读** ·

　　金水桥在古代桥建筑中有着至高无上的等级。外金水桥是由七座三孔拱券式单桥组成，内金水桥有五座单孔拱券式单桥组成，三五七之数，在中国的数字学中都有很深的文化含义，下面是数字"三五七"的文化含义：

　　"三"：是奇数，阳数，可以表示多，完备或终极，还有吉祥如意的意思。

　　"五"：是奇数，阳数，中国最崇拜的一个数字，本身就具有吉祥意思。我们常说的五方，东西南北中；五味：酸苦甘辛咸；五行：金木水火土。

　　"七"：是奇数，阳数，我们常说的七星：太阳、月亮和五大行星；七雄：战国时秦、韩、魏、楚、燕、齐、赵七国。

文/宋霞飞

奶奶,我知道了金水桥是等级最高的,十七孔桥是皇家园林里最大的。还有什么北京古桥的"桥之最"吗?

当然有啦,奶奶今天就给你讲讲北京最长的古桥——北海大桥。

北海大桥

北海大桥横跨于北海和中海之间,全长150多米,是北京城内最长的一座古桥。北海大桥的历史可以追根溯源到元代,那时的团城东西两侧各有一座东木桥和西木桥,明代时,东桥被拆除,西木桥被改建成了石拱桥,这就是北海大桥的前身。桥下砌有七个拱券,桥墩厚度大于桥孔直径,桥的东西两侧各立着一块牌坊,西边牌坊叫"金鳌(biē)",东边牌坊叫"玉蝀(dòng)",所以北海大桥也叫"金鳌玉蝀桥"。

知识小贴士

团城:
原是太液池中的一个小屿。乾隆年间对其进行较大的修建,为御苑的一部分。

北海大桥牌坊图/《北京城内最大的古桥——北海大桥》

我们今天再路过北海大桥时，会发现大桥两边的牌坊已经不见了，这是为什么呢？原来这座古桥为了适应城市发展的需要，几经改建波折，煞费苦心。

中华人民共和国成立之后，北京车辆不断增多，北海大桥不仅桥面窄，而且坡陡弯急，交通十分不便。因此有人建议拆除北海大桥另建新桥，但这样有可能影响到团城的去留。这可急坏了当时的国家文物局的局长郑振铎，他为了保住团城和北海大桥，特意请了好几位专家学者商讨意见，还给周恩来总理写报告，请求保留住北海大桥和团城。周总理冒着酷暑来到团城视察，不断询问郑振铎有关情况，最后他坚定地说："团城的一砖、一瓦、一树、一石都不能动！把桥面向中南海方向扩展，只是需要把'金鳌''玉蝀'两个牌坊拆掉就可以了。"

甲，元代的木桥

乙，明代的木桥

丙，中华人民共和国成立后拟建的中海新桥示意图

丁，改建后的北海大石桥

北海大桥的变迁图/樊宇晨

根据旧桥扩建的北海大桥，保留了原有的艺术风格，桥面从原来的9米增宽到了34米，不仅方便了车辆通行，也为游人提供了一个观光风景的好去处。如今站在桥上，桥两侧湖水波光粼粼，放眼望去，远处郁郁葱葱的北海琼华岛闪耀着一座白塔，人与自然结合美景尽收眼底，让人回味无穷。

知识小贴士

燕京八景：
清乾隆十六年御定八景为：
太液秋风、琼岛春阴、金台夕照、蓟门烟树、西山晴雪、玉泉趵突、卢沟晓月、居庸叠翠。

北海大桥图/樊宇晨

· 扩展小阅读 ·

　　站在北海大桥上，南可观中南海，北可赏北海，瞭望远处，碧水青山映白塔，无论哪个角度，都能欣赏到如画的美景，其中最负盛名的景色当属"太液秋风"，是"燕京八景"八景之一。

　　站在北海大桥上向南眺望，会发现中南海（古称太液池）水面上有一座凉亭，这就是"水云榭"。据说站在水云榭四望，北有金鳌玉𬟽桥与琼岛白塔在水波中交相呼应，南可遥望瀛台，东岸有万善殿、千圣殿；西岸有金碧辉煌的紫光阁，景色可人！秋高气爽之时，云光倒映，在水云榭上静观波光粼粼的太液池水。据说乾隆皇帝曾为此景赋诗，并赐名"太液秋风"。

文/陈新新

太液秋风桥图/樊宇晨

图书在版编目（CIP）数据

古桥古事 / 王鹏，王崇臣，李晓玉主编. —北京：中国城市出版社，2022.2
（北京水文化少儿科普系列丛书）
ISBN 978-7-5074-3443-9

Ⅰ.①古… Ⅱ.①王…②王…③李… Ⅲ.①古建筑—桥—北京—少儿读物 Ⅳ.①K928.78-49

中国版本图书馆CIP数据核字（2021）第275938号

自古燕都城、至金中都，再到元大都和明清的北京城，历代城市无不是依水而建，因水而兴。水影响着北京的发展，铸就了她的繁荣，为她带来了生命与活力。北京地区河湖水系众多，自然也产生了很多著名的桥梁。本书介绍了北京14座重要的桥梁基本情况及传说逸事，是中小学生了解北京古桥的好帮手。

策划及编写：北京建筑大学新型环境修复材料与技术课题组水文化团队
主　　编：王　鹏　王崇臣　李晓玉
责任编辑：蔡华民
责任校对：王　烨

北京水文化少儿科普系列丛书
古桥古事
王　鹏　王崇臣　李晓玉　主编

*

中国城市出版社出版、发行（北京海淀三里河路9号）
各地新华书店、建筑书店经销
北京锋尚制版有限公司制版
北京富诚彩色印刷有限公司印刷

*

开本：880毫米×1230毫米　1/16　印张：3½　字数：89千字
2022年2月第一版　　2022年2月第一次印刷
定价：35.00元
ISBN 978-7-5074-3443-9
（904434）

版权所有　翻印必究
如有印装质量问题，可寄本社图书出版中心退换
（邮政编码100037）